L'ESPRIT
DE
ST MARTIN

D'APRÈS LES RÉCITS DE SULPICE SÉVÈRE
HISTORIEN DE SA VIE

PAR

L. P. DE L'HERMITE
OBLAT DE MARIE IMMACULÉE

PRIX : 50 c.

VENDU AU PROFIT DE L'ŒUVRE

1876

L'ESPRIT

DE

SAINT MARTIN

Nous, Archevêque de Tours, sur le compte avantageux qui nous a été rendu au sujet d'un opuscule ayant pour titre l'*Esprit de saint Martin*, nous l'approuvons comme pouvant favoriser la piété des pèlerins.

Tours, le 21 septembre 1876.

† Charles, archevêque de Tours.

L'ESPRIT

DE

SAINT MARTIN

D'APRÈS LES RÉCITS DE SULPICE SÉVÈRE

HISTORIEN DE SA VIE

PAR

LE P. DE L'HERMITE

OBLAT DE MARIE IMMACULÉE

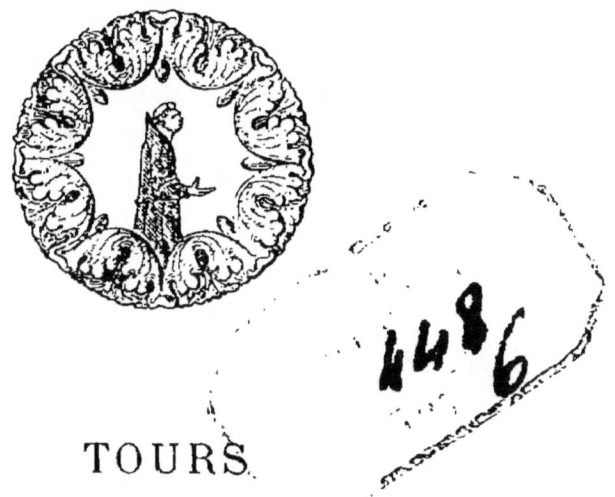

TOURS

A LA CHAPELLE DU TOMBEAU DE SAINT MARTIN

—

SE VEND AU PROFIT DE L'ŒUVRE

—

1876

AUX PÈLERINS DE SAINT MARTIN

Cet opuscule n'est pas une vie de saint Martin. La vie du grand thaumaturge a déjà été écrite par de nombreux admirateurs de sa sainteté ; Gervaise, M. l'abbé Dupuy, Mgr Jeancard et d'autres ont initié les âmes aux grands souvenirs du héros chrétien ; tout a été dit et raconté par leur plume fidèle.

Ce n'est donc pas pour combler des lacunes que nous venons, après des écrivains de renom, parler encore de saint Martin. Il nous a paru simplement que la piété pouvait toujours glaner quelques épis dans un champ si vaste, et qu'un résumé des vertus du saint offert aux pèlerins, comme un mémorial de leur pèlerinage, pouvait avoir son opportunité. On a extrait de la vie de saint François de Sales, de saint Vincent de Paul et d'autres saints *l'esprit* de ces grandes âmes; dans des proportions moindres c'est quelque chose d'analogue que nous avons voulu faire pour la gloire de saint Martin. Nous avons détaché de sa vie par Sulpice Sévère, témoin oculaire des vertus qu'il raconte, les faits historiques les plus capables d'édifier les âmes. En cela, nous n'avons pas suivi l'ordre chronologique, qui ne s'imposait pas nécessairement à nous; nous avons cueilli simplement quelques fleurs dans le jardin monastique du grand saint pour les offrir aux pèlerins qui visitent son tombeau.

Plus de sept années passées à Tours auprès de ce tombeau glorieux, nous donnent le droit de parler de saint Martin, et de dire aux âmes qu'il fait bon prier près de lui. Quelque imparfait que soit notre hommage, nous osons espérer que saint Martin ne le dédaignera pas et que ce court résumé pourra être utile aux pèlerins.

M. DE L'HERMITE, O. M. I.

Paris, le 4 juillet 1876, fête de l'Ordination de saint Martin.

L'ESPRIT DE SAINT MARTIN

Saint Martin enfant.

Le quatrième commandement de Dieu est ainsi formulé : « Tes père et mère honoreras, afin de vivre longuement. » Dans l'enseignement de la morale chrétienne, ce commandement est d'une importance capitale ; il tient la première place dans l'énumération des préceptes dits *de la seconde table,* où sont exposés nos devoirs envers le prochain ; il vient immédiatement après les trois commandements régulateurs de nos devoirs envers Dieu, appelés pour cela *préceptes de la première table.* L'interprétation pratique de ce commandement se réduit à ceci : « Il faut obéir à ses parents en tout ce qui n'est pas contraire à la loi de Dieu. »

Saint Martin, enfant, prévenu d'une grâce précoce, observa à la lettre les moindres détails du code divin. Il fut un modèle de respect filial, et, dans la situation délicate que lui créait la religion de ses parents, il sut observer l'obéissance aux deux autorités, celle de Dieu et celle de la famille, et délimiter scrupuleusement leurs droits respectifs. Ses parents étaient d'une condition assez élevée, mais païens [1]; son père, ancien tribun militaire, n'avait qu'un seul désir, celui de voir son fils prendre sa place dans l'armée. Mais le culte des idoles ne souriait pas à l'âme de l'enfant, appelé déjà par un secret dessein de la Providence au culte du vrai Dieu, et son cœur, loin de rêver la gloire des armes, se sentait doucement incliné à la vie érémitique. Dans ce conflit des attraits et des répugnances, Martin sait mettre d'accord le cri de la conscience et le respect de la volonté paternelle; il accorde à Dieu ce qui est à Dieu, et, sur un autre terrain, il accorde au père de la terre le sacrifice de ses

---

[1] Parentibus secundum sæculi dignitatem non infimis, gentilibus tamen.

goûts et de ses rêves les plus chers. Il obéit à Dieu en allant secrètement demander à l'Église l'instruction religieuse à laquelle il aspire, et en réclamant son inscription sur la liste des catéchumènes [1]; il cherche à l'abri des autels catholiques un refuge pour son âme alarmée; mais il rachète aussitôt cet acte de sainte indépendance en déférant aux ordres de son père dans des résolutions qui n'offensent pas les droits de Dieu, et qui n'immolent que des préférences dans un choix de vie. Martin, en vertu d'un édit impérial qui incorporait dans la milice les enfants des vétérans, fut brusquement enlevé à sa famille et enrôlé dans la cavalerie romaine [2]. Le respect des deux autorités dans l'ordre hiérarchique, telle fut la conduite de Martin enfant dans cette cruelle rencontre qui déchira son cœur.

Le jour où les âmes sauront ainsi comprendre l'obéissance dans les oppositions du respect humain et de la conscience; sé-

---

[1] Nam cum esset annorum decem, invitis parentibus ad ecclesiam confugit, seque catechumenum fieri postulavit.

[2] Prodente patre, qui felicibus ejus actibus invidebat, quum esset annorum quindecim, captus et catenatus, sacramentis militaribus implicatus est.

parer le sacré du profane; respecter, par exemple, les lois de l'Église relatives à l'abstinence, au dimanche et au devoir pascal, malgré des exigences contraires, ces âmes pratiqueront la véritable justice et seront moins exposées aux lâches compromis du monde. Le jour où la société, à tous les degrés de l'échelle, reviendra au respect public de l'autorité divine et à la soumission due aux supérieurs spirituels et temporels, ce jour-là les dangers qui la menacent seront écartés : la famille ne sera plus troublée dans sa paix domestique, le navire qui porte les destinées publiques n'oscillera plus dans des tourmentes sans fin, le supérieur et l'inférieur ne seront plus deux ennemis jaloux : chacun sera à sa place, heureux et exempt des angoisses et des périls qui naissent de l'insubordination ; l'ordre règnera dans les sociétés comme il règne dans les astres du ciel, et Dieu sera le lien des cœurs, comme il en est le maître et le modérateur suprême.

Saint Martin soldat.

La carrière militaire est l'école de l'honneur; mais les périls de l'âme qu'on y rencontre sont bien souvent en proportion avec ceux de la vie temporelle. C'est l'image de la vie militante du chrétien, avec ses sacrifices et ses fatigues de tous les instants, ses alternatives de victoires et de défaites, ses luttes incessantes. Martin dut connaître l'épreuve du contact d'esprits moins élevés que le sien et de cœurs moins purs. Dans cette tourbe païenne que Rome enrôlait sous ses aigles, le jeune cavalier, encore catéchumène, sut garder la dignité de son caractère, et fit preuve d'une fermeté d'âme héroïque. Sulpice Sévère loue sa grande humilité. Ce singulier éloge étonne, quand il s'agit d'un guerrier; d'ordinaire on exalte en lui la bravoure, le sang-froid, le respect de la discipline; mais qui pensa jamais à lui faire un mérite de l'humilité? C'est pourtant ce caractère de la vertu de saint Martin qui le désigne à l'admiration. Martin se contenta du seul serviteur attaché à sa personne par la volonté de ses parents; mais il devenait à son tour son humble domestique, poussant le sentiment d'une sainte égalité jusqu'à l'admettre à sa table et à nettoyer sa chaussure [1]. Dans les camps et dans la longueur des étapes, le maître et le serviteur intervertissaient alternativement les rôles, et comme Notre-Seigneur lavant les pieds à ses apôtres, le futur disciple de l'Évangile pratiquait déjà toute la perfection de la charité, honorant en ses semblables des créatures de Dieu, aimées comme lui d'un immense amour.

Charitable et simple avec ses inférieurs, Martin était d'une grande bienveillance à l'égard de ses égaux et de ses compagnons d'armes. L'aménité dans le commerce habituel de la vie faisait le fond de son caractère. Perdu dans les rangs d'une armée païenne, il sut se garantir de tout vice, et faire

[1] Uno tantum servo comite contentus, cui tamen versa vice dominus serviebat : adeo ut plerumque ei et calceamenta ipse detraheret, et ipse detergeret; cibum una caperent, hic tamen sæpius ministraret.

respecter sa dignité d'homme et de futur chrétien. Sa tempérance, malgré les fatigues militaires, était celle du moine [1]. Rien de hautain dans les relations du service : il avait gagné tous les cœurs, et l'affection de ses frères d'armes allait jusqu'à la vénération [2]. Type d'honneur et de désintéressement, Martin réunissait déjà tous les caractères du chevalier chrétien.

Une épreuve redoutable cependant était réservée à cette âme héroïque. Arrivé à l'expiration de son temps de service, Martin sollicita son congé; il lui tardait de quitter le monde pour se consacrer uniquement à la gloire de Dieu. Les Germains venaient de faire une irruption dans les Gaules. A cette occasion, le César Julien fit des distributions d'argent aux soldats, pour encourager leur vaillance. Martin, décidé à user du privilége de son ancienneté pour se retirer du service, refusa ces libéralités, et demanda son congé. Le César apostat en fut irrité, et, profitant de cette occasion pour humilier un

---

[1] Nam frugalitatem in eo laudare non est necesse, qua ita usus est, ut jam illo tempore non miles, sed monachus putaretur.

[2] Quibus rebus ita sibi omnes commilitones suos devinxerat, ut eum miro affectu venerarentur.

serviteur de Celui dont il avait déserté la cause, il accusa Martin de lâcheté. Cette injure, si sanglante pour un soldat, n'ébranla pas le calme de Martin. Ce fut pour lui une occasion de manifester tout l'héroïsme de sa vertu. Impassible devant l'affront public qu'il venait de recevoir, Martin répondit modestement : « Demain, placez-moi au premier rang, sans bouclier, sans casque et sans armes ; muni seulement du signe de la croix, je m'élancerai sans crainte au milieu des rangs ennemis [1]. » Julien, pour toute réponse, fit emprisonner le héros ; mais dans la nuit les barbares envoyèrent demander la paix, et firent leur soumission. Les prières de Martin avaient préparé la victoire sans effusion de sang. Libre enfin, il quitta la milice, et courut à Poitiers se mettre sous la conduite de saint Hilaire.

[1] Crastina die ante aciem inermis adstabo : et in nomine Domini Jesu, signo crucis, non clypeo protectus aut galea, hostium cuneos penetrabo securus.

Les deux aumônes de saint Martin.

A deux époques bien distinctes de sa vie, saint Martin fit deux aumônes à jamais mémorables. La première, la plus universellement connue, fut l'aumône du soldat; la seconde, l'aumône de l'évêque. L'histoire les a placées chacune à un point extrême de l'existence du grand thaumaturge; mais nous n'offenserons aucune convenance en les réunissant dans une même admiration, et en les groupant comme deux sœurs dans un seul cadre chronologique.

Amiens vit la première de ces œuvres de miséricorde. C'était au cœur d'un hiver rigoureux [1]. Martin, cavalier dans l'armée romaine, venait de franchir une des portes de la cité. Un pauvre à demi nu, transi de froid,

---

[1] Media hieme (quæ solito asperior inhorruerat).

implore sa pitié. L'homme de Dieu, — Sulpice Sévère l'appelle déjà ainsi, — averti par une lumière intérieure, comprend aussitôt qu'à lui est réservé l'insigne honneur d'assister la détresse de son frère, dédaigné de tous. Martin n'a que son manteau militaire; il n'hésite pas à le partager : du tranchant de son glaive il en fait deux parts, jette la meilleure moitié sur les épaules du pauvre, et ne se réserve que la plus mauvaise. Les moqueurs, embusqués sur la route, rient de son vêtement disgracieux ; mais quelques spectateurs plus sages sont émus de la charité du soldat, et regrettent de n'avoir pas accompli eux-mêmes l'acte généreux dont ils viennent d'être les témoins. La nuit suivante, pendant son sommeil, Martin eut une vision. Il aperçut Jésus-Christ revêtu, comme d'une parure, du manteau sacrifié ; les anges entourent le Maître, et celui-ci montrant à ses amis du ciel Martin endormi : « Voici, dit-il, Martin : n'étant encore que catéchumène, il m'a revêtu de ce manteau [1]. » Ce fut là le plus victorieux appel de la grâce au cœur du héros ; la flèche de

---

[1] Martinus adhuc catechumenus hac me veste contexit.

l'amour divin venait de l'atteindre profondément : il courut aux eaux du baptême.

C'est ainsi que la charité amène définitivement à la foi un grand nombre d'âmes. Le pauvre est l'image de Jésus-Christ, délaissé dans son humanité sainte. Tout le bien que l'on fait à un frère est donc un service rendu à Celui dont le pauvre représente la souffrance. Aussi la reconnaissance du divin pauvre est éternelle. Dieu a imposé aux hommes le devoir réciproque de s'aimer [1] et de se porter secours, et bien souvent la charité envers le prochain est le principe du retour d'une âme à l'amour de Dieu. Il y a des œuvres *réservées* pour elle, comme l'assistance du pauvre fut réservée pour saint Martin [2]. Pour vous cette visite à un affligé que tout le monde plaint, mais que personne ne console; pour vous l'instruction de cet ignorant, qui ne connaît même pas les devoirs essentiels du chrétien : Dieu l'a placé dans votre famille, dans votre voisinage, pour que vous soyez son ange sauveur; pour vous le soin de ce malade que tout le monde

---

[1] Mandavit illis unicuique de proximo suo. (Eccli. XVII, 12.)

[2] Intellexit vir Deo plenus sibi illum, aliis misericordiam non præstantibus, reservari.

délaisse ; pour vous surtout la mission fraternelle de l'avertir du danger de son état, et de le préparer à la mort, alors qu'il s'endort dans une sécurité dont personne n'a le courage de lui faire comprendre l'illusion.

L'aumône de saint Martin soldat a acquis dans le cours des siècles une notoriété populaire ; et dans les cités et au village, et dans les splendides demeures et dans les ateliers, on sait que *monsieur saint Martin* a partagé son manteau avec le pauvre ; on parle de ce fait admirable comme de l'aumône de Madeleine versant des parfums sur les pieds du Sauveur. La peinture, la poésie, ont reproduit et chanté la scène attendrissante de la porte d'Amiens, et, comme le pauvre, la France, en ses jours d'infortune, implore la pitié d'un de ses plus illustres protecteurs :

> Oh ! couvre un peuple qui t'implore
> Des plis sacrés de ton manteau ;
> De ta chlamyde couvre encore
> Et la patrie et son drapeau !

La seconde aumône de saint Martin eut pour théâtre la ville de Tours. L'évêque se rendait à sa cathédrale pour un office solennel. Au seuil de l'église, un mendiant demi-nu l'arrête, et lui demande un vêtement pour le protéger contre le froid. Saint Martin ordonne à son archidiacre de s'occuper aussitôt de ce soin, et lui-même se rend à la sacristie pour se préparer à la célébration des saints mystères. Mais, soit oubli, soit mauvaise volonté, l'archidiacre ne se hâte pas d'exécuter les ordres de l'évêque. Le pauvre, perdant patience, vient à la sacristie réclamer de nouveau. Saint Martin, prompt dans sa charité comme à Amiens, se dépouille de sa propre tunique et en revêt le solliciteur. Cependant le peuple est assemblé pour l'office, et il s'étonne qu'il ne commence pas. L'archidiacre vient rappeler à l'évêque qu'il est temps de monter à l'autel; mais l'homme de Dieu déclare qu'il ne se rendra pas à l'église avant que le pauvre soit vêtu [1]. Se refusant aux explications, saint Martin attend encore, jusqu'à ce que l'archidiacre ait acheté chez un marchand voisin une misérable tunique, qu'il jette avec mauvaise humeur aux pieds de l'évêque: « Voici le vêtement, dit-il; mais où donc est le pauvre ? »

---

[1] Pauperem prius (de se autem dicebat) oportere vestiri.

Pour toute réponse, Martin se retire un instant et s'habille de l'étoffe grossière, trompant ainsi tout le monde sur la pieuse industrie de sa charité.

Mais Dieu lui-même prit soin de révéler une seconde fois le mérite de son serviteur. Pendant le saint sacrifice, qui suivit, un globe de feu parut sur la tête du saint, projetant au loin sa lumière. Cinq personnes seulement aperçurent ce miracle; mais de quelle grâce Dieu sut entourer cette révélation ! Une vierge, un prêtre et trois moines en furent les heureux témoins [1]. Une vierge, c'est-à-dire une âme consacrée à Dieu, et dont le cœur, libre de toute attache terrestre, se baigne dans les clartés de l'amour divin, comme la colombe dans l'azur d'un ciel pur: *Bienheureux ceux qui ont le cœur pur, parce qu'ils verront Dieu;* un prêtre, c'est-à-dire un homme consacré au service des autels et aux seuls intérêts de la gloire de Dieu; trois moines enfin, qui, par leur vie austère et méditative, représentent la perfection du sacrifice et de la prière.

Cette seconde aumône de saint Martin,

---

[1] Una tantum de virginibus, et unus de presbyteris, tres tantum vidère de monachis.

moins connue que la première, est rapportée par Sulpice Sévère dans ses Dialogues sur les vertus du saint ; la nature des témoins et l'autorité de l'historien suffisent à en garantir l'authenticité. La chlamyde partagée à Amiens et la tunique donnée à Tours sont deux actes de charité qui se complètent. Les remercîments du Sauveur Jésus et le globe de feu qui se balance sur la tête du saint attestent, dans les deux circonstances, de quel prix fut le double bienfait aux yeux de Dieu. Saint Martin ne donne pas seulement de son superflu ; à deux reprises il prend sur son nécessaire : un jour il donne son manteau, un autre jour c'est sa tunique monastique qu'il offre au pauvre, se rappelant la parole évangélique : « Ce que vous aurez fait au moindre des miens, vous l'aurez fait à moi-même. » La première fois il brave les sarcasmes des élégants ; la seconde fois il s'expose aux murmures des siens, et leur fait comprendre que la charité est une dette de tous les instants. A Amiens, son aumône le conduit à la foi ; à Tours, sa charité lui prépare une grande consolation, et manifeste sa sainteté aux yeux de ses diocésains.

Pour bien des âmes, la charité est devenue l'unique porte amenant au salut. En effet, dans bien des vies molles et sensuelles la pénitence n'existe plus; à mesure que son niveau baisse, celui du péché monte, et nul contrepoids ne vient faire équilibre dans la balance où se pèsent les mérites et les démérites. L'indifférence jette en dehors des routes chrétiennes une foule distraite et agitée : la prière ennuie, les affaires absorbent, la parole de Dieu est dédaignée; et quelquefois, pour se frayer un passage dans les esprits, oublieuse de sa dignité, elle sacrifie aux frivoles apprêts de la parole humaine. Pour bien des âmes, plus de sacrements, plus de pénitence, plus d'obéissance à l'Église, plus de goût pour l'instruction religieuse. Où donc, dans cet étrange vertige, trouver la porte du ciel? Quel chemin ramènera à la foi? La pratique de l'aumône, dirons-nous; ce sera le moyen suprême qui rendra la lumière à des yeux aveugles. Après n'avoir vu dans le pauvre, le malade, le blessé, le prisonnier, qu'un être souffrant, on distinguera un jour en lui les traits de Jésus-Christ agonisant, pauvre lui aussi et exilé sur la terre; tout s'illuminera alors dans les actes de la vie, et la charité ramènera le prodigue aux pieds du père de famille.

**Saint Martin disciple et moine. — Poitiers.
— Ligugé.**

Après avoir obtenu son congé régulier, et noblement payé sa dette à la patrie sous les aigles romaines, Martin se rendit en toute hâte à Poitiers, où l'appelait la renommée de saint Hilaire. Ces deux âmes étaient faites pour se comprendre. L'évêque de Poitiers était alors une des colonnes de l'Église, un des plus redoutables adversaires de l'arianisme et un docteur éminent. Sous la direction d'un tel maître, Martin allait achever son éducation religieuse, et commencer un noviciat de perfection. Les fers de l'obéissance ne lui pèseront pas plus que le casque et la discipline militaire; partout et toujours il sera l'homme du devoir.

A deux reprises, saint Martin vint à Poitiers. La seconde époque de son séjour fut signalée par la fondation du monastère de

Ligugé. Il demanda et obtint de saint Hilaire, à deux lieues de Poitiers, un *prædium*, que le saint évêque tenait probablement à titre héréditaire de ses nobles parents [1]. Ce fut dans cette solitude que saint Martin fit, en compagnie d'âmes d'élite, les premiers essais de vie monastique, mettant enfin à exécution le plus vif désir de sa jeunesse. Ligugé fut le prélude de Marmoutier. Nous ne choisirons que trois faits, dans cette double halte de saint Martin sous la houlette de saint Hilaire, comme dans un écrin on choisit quelques pierres précieuses pour en faire l'ornement d'un diadème.

Le premier fait témoigne de la profonde humilité de saint Martin. Saint Hilaire, bon juge des vertus de son disciple, voulut lui imposer le diaconat, afin de l'attacher à son Église par des liens indissolubles ; mais il fut impossible de faire accepter à saint Martin un ordre, vestibule du sacerdoce ; son humilité en fut alarmée à un point qui rendit l'insistance inutile. Les modestes fonctions

---

[1] Voir l'ouvrage intitulé *Saint Martin t son monastère de Ligugé*, par le R. P. Dom François Chamard, bénédictin de l'abbaye de Ligugé. La vie de saint Martin en Poitou y est racontée de la manière la plus intéressante.

d'exorciste, ministère de dépendance et d'obscurité, marquèrent le seul degré où il voulut aspirer, et ce fut dans les rangs des simples clercs qu'il prit place à l'ombre des autels [1].

Le second fait concerne les relations cléricales de saint Martin avec son maître, saint Hilaire. La rigueur de la chronologie exigerait que ce fait fût placé un peu plus tard dans notre récit; mais, nous l'avons dit, ce n'est pas une histoire de saint Martin que nous écrivons, c'est un bouquet de fleurs que nous composons avec ses vertus, pour l'offrir à la piété de ceux qui viennent en pèlerinage à son tombeau. Sulpice Sévère ne parle pas du gracieux incident que nous allons raconter; nous l'empruntons à l'ouvrage précité de dom Chamard [2]. On ne nous reprochera pas de l'intercaler ici.

« Un jour Hilaire, le Rhône de l'éloquence latine, comme l'appelle saint Jérôme, vint

---

[1] Quam ille ordinationem, ne despexisse tanquam humiliorem videretur, non repudiavit.

[2] Dom Chamard met en note l'observation suivante: « Ce récit est emprunté à une lettre de Guibert, abbé de Gembloux, au xiie siècle. Nous ne voulons pourtant pas le présenter comme parfaitement authentique; du ive au xiie, où il a été écrit, il a pu subir dans sa teneur plus d'une modification... »

à Ligugé, selon sa coutume, auprès de saint Martin et des serviteurs de Dieu qui militaient sous sa conduite, pour y chercher au milieu d'eux quelques consolations spirituelles, et y offrir, en union avec eux, le sacrifice de l'Agneau sans tache. Après de suaves entretiens, dans lesquels il les nourrit du pain de la doctrine céleste, le pontife reprit le chemin de Poitiers. Saint Martin, par déférence pour son maître et son hôte, et voulant lui rendre l'aimable visite qu'il venait de recevoir, l'accompagna jusque dans la ville de Poitiers, où ils arrivèrent à l'heure fixée pour la célébration des divins mystères. Comme le temps pressait, Hilaire s'enquit aussitôt si rien ne manquait pour la confection de la divine oblation. On répondit que tout était prêt, excepté le livre appelé Sacramentaire, contenant les prières les plus sacrées de la liturgie. Il avait été oublié à Ligugé, sans doute par une permission particulière de Dieu, qui voulait glorifier son serviteur Martin. Le pontife, troublé par cette réponse, jeta sur Martin, qui se disposait à le servir à l'autel, un regard sévère et accusateur. Martin, à son tour, tout ému de l'émotion de son maître, cherche avec anxiété quelqu'un qui puisse apporter, malgré l'impossibilité apparente, le livre réclamé par Hilaire, lorsqu'un ange se présente tout à coup sous le vestibule de l'église, lui présente en souriant le volume tant désiré, et disparaît. En apprenant de la bouche de son disciple comment le Ciel était intervenu pour la consolation de son serviteur, saint Hilaire tressaillit de joie, rendit grâces à Dieu, et à partir de ce jour il eut pour Martin, non plus l'affection d'un père, mais la vénération que mérite une âme élevée aux plus sublimes communications avec Dieu. »

Dieu récompensait ainsi l'obéissance du lévite, comme il avait récompensé la charité du soldat.

Le troisième fait où se complaira la piété est le long voyage que saint Martin entreprit de Poitiers en son pays pour la conversion de ses parents. Averti en songe du péril que courait leur âme, le fervent disciple consulta son maître, et, ne se fiant pas à son propre sens, il ne voulut partir que sur l'ordre formel d'Hilaire [1]. Muni de son obédience régulière, il dit adieu pour un temps à Poitiers, à ses études, aux charmes de la solitude, et prit la route de l'Italie. Dans une

[1] Ex voluntate sancti Hilarii profectus est.

gorge des Alpes il tomba dans une embuscade de voleurs que son calme étonna et finit par désarmer; la conversion d'un des brigands fut le prix de son zèle intrépide. Mais une rencontre plus redoutable lui était réservée. Satan lui-même, sous une forme humaine, vint lui barrer le passage, un peu au delà de Milan. « Où vas-tu ? dit le tentateur d'un ton plein de menaces. — Je vais où Dieu m'appelle, répond fièrement l'apôtre. — Eh bien, sache une chose; partout où tu iras, quelles que soient tes entreprises, tu me trouveras toujours sur ton chemin; j'ai résolu de traverser ta vie [1]. — Le Seigneur est mon appui, répond Martin ; je n'ai rien à craindre. » La vision diabolique disparaît aussitôt, Martin continue sa route, et arrive à temps pour convertir sa mère.

Saint Martin est ici le modèle de la fermeté chrétienne, soit qu'il s'agisse d'obéir aux convictions de la foi, soit qu'il s'agisse de répondre à la voix de Dieu appelant une âme à une vocation déterminée. Rien n'ébranle cette âme soutenue par la grâce; elle avance dans sa force calme, mais invincible, passant outre aux difficultés et les conver-

[1] « Quocumque ieris, vel quæcumque tentaveris, diabolus tibi adversabitur. »

tissant au besoin en moyens qui servent ses désirs. Les exemples du monde, qui tourne à tout vent de doctrine, ne la peuvent séduire; les idées mises en circulation par la pusillanimité ou la mollesse ne font brèche ni dans son esprit, ni dans sa vie. « Jésus-Christ ne s'est pas appelé la coutume, dit saint Augustin; il s'est appelé la vérité. » L'âme affermie, de son côté, dit à l'exemple de saint Martin : « Je vais où Dieu m'appelle. » Elle marche avec une rectitude que rien ne peut faire fléchir; son devoir pascal, les obligations de son état, de sa profession chrétienne, civile ou militaire, la responsabilité des devoirs domestiques sont des lois pour elle; si Dieu l'appelle au silence du cloître, aux gloires de l'apostolat, aux sacrifices de la vie lévitique, elle obéit; si, au contraire, il la désigne pour les luttes obscures, mais non sans mérite, de la vie chrétienne dans le monde, elle obéit encore : *Je vais où Dieu m'appelle*. En vain direz-vous qu'il faut détendre le ressort évangélique sous lequel la conscience comprimée succombe: tout est inutile; l'âme ne se sent pas malheureuse dans sa douce servitude, et les séductions du langage des hommes n'ébranlent en rien ses résolutions.

Saint Martin et Marmoutier.

Saint Martin fut bientôt tiré de sa retraite pour être élevé au siége épiscopal de Tours. Nous n'avons pas à raconter le pieux stratagème dont se servirent les habitants de cette ville pour tromper l'humilité du saint, ni les événements providentiels qui favorisèrent cette élection. Ces récits en leur entier appartiennent à l'histoire et ne sauraient trouver place dans un simple opuscule. Mais il entre dans notre cadre de montrer l'homme de Dieu dans son double rôle de moine et d'évêque.

Saint Martin, devenu évêque malgré lui, ne voulut pas cesser d'être moine. La responsabilité de l'épiscopat effrayait cette âme méditative. Pour échapper aux visites trop fréquentes et retrouver la liberté de la prière, il se choisit à deux milles environ de sa ville un lieu de retraite [1]. Des disciples se rangèrent bientôt autour de lui, des cellules furent creusées dans le roc à côté de celle du saint, et le coteau perforé devint à la longue un vrai monastère. Rien n'égale la poésie de Sulpice Sévère dans sa description de Marmoutier. A quinze cents ans de distance, et malgré les transformations que le temps et les hommes lui ont fait subir, nous reconnaissons ce lieu béni. Les feuillages des bois, descendant des hauteurs, ombrageaient cette ruche mystique où des âmes pures composaient le miel de la piété de tous les sucs évangéliques recueillis dans la méditation. Les sinuosités de la Loire se repliant autour du coteau lui formaient une défense naturelle qui délimitait le domaine des saints [2]. C'est de cette solitude que saint Martin gouvernait son diocèse; c'est de là qu'il partait pour ses courses apostoliques ou pour célébrer les saints offices à sa cathédrale; c'est là qu'il revenait après ses missions, pour se faire

---

[1] Deinde quum inquietudinem frequentantium ferre non posset, duobus fere extra civitatem millibus monasterium sibi statuit.

[2] Ex uno latere præcisa montis excelsa rupe ambiebatur; reliquam planitiem Liger fluvius reducto paululum sinu clauserat.

oublier des hommes et goûter les douceurs du désert. Quatre-vingts disciples se réunirent sous sa houlette, marchant à sa suite dans les voies de la perfection. Leur vie rappelait celle des premiers chrétiens; personne ne possédait rien en propre, tout était mis en commun. L'ordinaire était celui de la pénitence; le vin ne paraissait jamais aux repas, et on ne l'accordait qu'aux malades sous forme de remède. La cellule était gardée sévèrement, et l'oraison était l'occupation habituelle. Il était cependant permis aux plus jeunes religieux de se livrer à des ouvrages manuels, destinés à entretenir la vigueur et l'activité de leur âge; ils transcrivaient des livres ou copiaient la sainte Écriture. Tous ces solitaires étaient vêtus d'habits grossiers, faits de poils de chèvres ou de chameaux; ils se réunissaient aux heures de la prière, et Marmoutier était comme un repos des anges sur la terre. C'est de là que les villes et les églises voisines tiraient leurs prêtres les plus accomplis, comme d'un noviciat de vertus destiné à édifier toute une contrée [1].

---

[1] Quæ enim esset civitas, aut ecclesia, quæ non sibi de Martini monasterio cuperet habere sacerdotem?

Marmoutier n'a pas cessé d'être une solitude; plus sévère autrefois, plus gracieuse aujourd'hui ; préparée par la nature aux jours de saint Martin, dessinée aujourd'hui par l'art et embellie comme un reliquaire qui garde la poussière des saints, c'est une oasis charmante où l'âme s'élève sans efforts vers Dieu, loin des bruits du monde, qui viennent avec les eaux du fleuve expirer à ses pieds.

La prière et le travail, ces deux forces parallèles d'une âme, font naître et soutiennent en elle les vertus chrétiennes. La prière unit à Dieu ; elle purifie les affections du cœur, éclaire l'intelligence, affermit la volonté dans le bien. Le travail encadre la vie dans un programme et la soustrait aux périls sans nombre qui naissent de l'oisiveté et de l'indécision. Prier, travailler alternativement, ou plutôt travailler en priant et en conservant l'habitude de la présence de Dieu, c'est une des pieuses industries de la foi. Saint Martin menait de front ces deux exercices ; en lui la vie active s'unissait à la paix de la contemplation sans la troubler en rien, et la prière à son tour donnait à ses labeurs un parfum céleste qui faisait tout leur mérite. Marthe et Marie, deux sœurs inséparables, associaient leurs dons dans cette âme parfaite : apostolat et prière étaient deux actes simultanés dans lesquels elle excellait également. Sulpice Sévère se sert d'une ingénieuse comparaison pour nous le faire comprendre : « De même, dit-il, que les forgerons, dans les intervalles de leur travail et pour se reposer, frappent l'enclume, ainsi Martin, même lorsqu'il semblait faire autre chose, priait toujours [1]. »

[1] Nimirum ut fabris ferrariis moris est, qui inter operandum pro quodam laboris levamine incudem suam feriunt : ita Martinus, etiam dum aliud agere videretur, semper orabat.

Saint Martin thaumaturge.

Le miracle ! ce mot résume la vie de saint Martin. Dieu lui avait départi sa puissance comme à Élie, afin qu'il s'en servît pour préparer un peuple parfait. La Gaule, bien que visitée déjà par des missionnaires, était encore aux trois quarts païenne, surtout dans les campagnes. Il fallait une succession d'hommes extraordinaires pour l'arracher aux ténèbres, et la prédication évangélique, pour obtenir des victoires, devait retentir au sein des prodiges. Saint Martin fut un de ces envoyés providentiels à qui rien ne résiste ; les dons de Dieu brillèrent en lui d'un éclat incomparable, et l'histoire, après quinze cents ans, l'appelle encore le *thaumaturge des Gaules*.

Les miracles ont accompagné la vie de saint Martin comme une traînée de lumière.

Le saint disposait à son gré des lois de la nature, pour glorifier Dieu et convertir ses frères. Il serait téméraire d'entreprendre d'énumérer tous les faits dont l'histoire a gardé le souvenir; il suffit de grouper ici quelques récits miraculeux pour glorifier cette grande mémoire.

Saint Martin parcourait les campagnes, s'attaquant partout à l'empire du démon, aux monuments et aux symboles de l'idolâtrie. Il ébranlait les autels des faux dieux, ruinait leur culte, brûlait les temples et les arbres superstitieux. Le plus souvent, c'était au péril de sa vie qu'il accomplissait ces actes courageux; mais rien n'effrayait son zèle. Un jour il fut attaché à un pin réputé sacré, dont il avait ordonné la destruction; l'arbre devait l'écraser dans sa chute, — ainsi du moins l'espéraient ses ennemis; — mais, sur un signe de croix du saint, l'équilibre naturel fut déplacé, le saint fut préservé, et l'arbre, en tombant, atteignit et blessa les contempteurs du vrai Dieu et de son serviteur [1]. La conversion de tout un district païen fut la conséquence de ce miracle. A

---

[1] Tum vero (turbinis modo retroactam putares) diversam in partem ruit : adeo ut rusticos, qui tuto loco steterant, pene prostraverit.

Autun, un païen, dont il a brisé l'idole, le menace d'un poignard; mais aussitôt l'arme échappe de la main du meurtrier, qui reste paralysée. Près de Marmoutier, les populations accordaient des honneurs sacriléges à un faux martyr; saint Martin vient prier sur sa tombe pour obtenir du Ciel de connaître la vérité; il ordonne au mort de dire qui il est. Aussitôt une ombre affreuse vient se placer à sa gauche, et le mort déclare, en présence de la foule, qu'il n'a été pendant sa vie qu'un voleur et un misérable brigand, justement frappé pour ses crimes, et qu'il n'y a rien de commun entre lui et les vrais martyrs : « eux sont dans la joie, et lui dans les supplices [1]. » Saint Martin détruit l'autel, et la superstition du faux pèlerinage cesse immédiatement. La destruction des temples païens préparait la construction de pieux asiles, et là où le démon avait été honoré, le thaumaturge élevait un monastère ou une église au vrai Dieu [2].

---

[1] Nomen edicit, de crimine confitetur : latronem se fuisse, ob scelera percussum, vulgi errore celebratum; sibi nihil cum martyribus esse commune, quum illos gloria, se pœna retineret.

[2] Nam ubi fana destruxerat, statim ibi aut ecclesias aut monasteria construébat.

Saint Martin guérissait les malades, convertissait les cœurs, et, pour le bien spirituel et temporel de ses frères, il multipliait les miracles. Les bénédictions de ses mains, le contact de ses vêtements, comme autrefois l'ombre de saint Pierre, rendaient la santé aux infirmes. On venait de partout, au bruit de tant de prodiges, et chaque pas du thaumaturge était marqué par une nouvelle conquête pour Jésus-Christ.

Entrant un jour à Paris, il rencontre à la porte de cette cité déjà fameuse un lépreux dont la face, horriblement défigurée, inspire à tous le dégoût et la crainte. Saint Martin, écartant les curieux, va droit au pauvre être abandonné, et le baise avec tendresse. Ce fraternel embrassement d'un saint, comme un baume divin, rend instantanément l'éclat et la fraîcheur aux chairs dévorées par l'ulcère. Tous les quartiers de Paris retentissent du bruit de ce miracle; le nom du vrai Dieu est béni partout, et à partir de ce jour la grande cité compte saint Martin au nombre de ses apôtres.

A Trèves, un père de famille vient tout en larmes renouveler à ses pieds la prière de Jaïre, et le supplie de guérir sa fille, depuis longtemps atteinte de paralysie.

L'humilité du saint se refuse d'abord à cette demande, par crainte de la considération qui peut lui en revenir. Mais plusieurs évêques, présents comme lui à Trèves, lui font un devoir de condescendre aux désirs et aux larmes d'un père affligé. Saint Martin se résigne alors, et veut bien, par obéissance, faire un miracle. Il a recours d'abord à ses armes familières, la prière et l'abaissement [1]. Après avoir élevé son âme à Dieu avec une ferveur angélique, il bénit de l'huile, en fait avaler quelques gouttes à la malade, dont les membres sans vie se raniment aussitôt et se plient à tous les mouvements. Une foule immense est témoin de ce fait extraordinaire.

A Chartres, saint Martin opéra un miracle du même genre, en guérissant, dans des circonstances à peu près identiques, une jeune fille de douze ans, muette depuis sa naissance.

Un ancien préfet de l'empire, Arborius, voyant sa fille en danger de mort, par suite d'une fièvre violente, se rappelle la puissance de saint Martin. Il prend une lettre du saint, dont le hasard l'a rendu possesseur, et il ap-

---

[1] Ac primum (quæ erant illius familiaria in istiusmodi rebus arma) solo prostratus oravit.

plique cette relique sur la malade. La guérison est instantanée. Le père, homme de foi, par reconnaissance pour la grâce obtenue, consacra immédiatement sa fille au Seigneur, et il lui fit recevoir peu de temps après le voile des vierges des mains mêmes de Martin [1]. Ce double acte de foi ne fut pas longtemps sans récompense. A quelque temps de là, Arborius, assistant au saint sacrifice célébré par saint Martin, vit la main du saint briller d'un éclat extraordinaire : des pierres précieuses formaient sa parure, et on les entendait s'entre-choquer à chaque mouvement de cette main vénérable [2]. Ainsi Dieu se plaisait-il à dévoiler la sainteté de son apôtre, et plus son humilité entourait de silence les faveurs dont il était honoré, plus saint Martin apparaissait au monde dans la double transfiguration de ses vertus éminentes, et d'un cortége de miracles et de gloire.

[1] Neque ab alio eam, quam a Martino, habitu virginitatis imposito, passus est consecrari.

[2] Testatur Arborius ex præfecto, vidisse se Martini manum sacrificium offerentis vestitam quodammodo nobilissimis gemmis, luce micare purpurea, et ad motum dextræ collisarum inter se fragorem audisse gemmarum.

A Vienne, le grand thaumaturge rencontre le jeune Paulin, fils du préfet des Gaules. Ce jeune homme était menacé de perdre la vue, et déjà la cataracte se formait insensiblement. Saint Martin, éclairé sans doute intérieurement sur les grandes destinées du malade, n'hésite pas à faire un miracle pour conserver une vie si précieuse. Il prend un petit pinceau, le passe légèrement sur l'œil éteint, et sans lui faire éprouver aucune douleur, il le guérit sur-le-champ[1]. Ainsi le doux contact des mains du divin Maître guérissait les malades; on peut dire de saint Martin ce qu'on a dit de Notre-Seigneur : *Une vertu sortait de lui*[2].

Un homme du monde, Évance, apporte un jour aux pieds du saint un jeune homme attaché à son service, qu'un serpent venimeux vient de mordre profondément. Déjà le poison circule dans le sang, et la vie du blessé est en danger. Martin promène son doigt souverain sur la plaie et sur le corps

---

[1] Quum jam pupillam ejus crassior nubes superducta texisset, oculum ei Martinus peniculo contigit, pristinamque ei sanitatem, sublato omni dolore, restituit.

[2] Virtus de illo exibat. (S. Luc. vi, 19.)

entier. Le virus suit les contours que lui indique la main ; il se ramasse, se condense et s'échappe par la blessure, comme sous la main du berger le lait des brebis s'écoule des mamelles pressées : c'est la comparaison employée par l'historien [1].

Les anges du ciel assistaient visiblement le grand thaumaturge, et on les vit un jour, armés comme des guerriers, le protéger contre la colère des païens, pendant qu'il démolissait un temple des faux dieux [2]. Nous ne pouvons reproduire ici la série innombrable des miracles accomplis par lui, mais un fait instructif ressort de tant de merveilles, et frappe l'attention du lecteur le plus distrait : l'entière confiance que Dieu accorde à ceux qui, dépouillés de tout orgueil, ne cherchent que sa gloire, au prix de tous les sacrifices. Il ne sait rien leur refuser, et il semble partager sa puissance avec ces

---

[1] Deinde per illud ulceris foramen exiguum, ita virus stipasse cum sanguine, ut solet ex uberibus caprarum aut ovium, pastorum manu pressis, longa linea copiosi lactis effluere.

[2] Subito ei duo angeli hastati atque scutati instar militiæ cœlestis se obtulerunt, dicentes, missos se a Domino, ut rusticam multitudinem fugarent, præsidiumque Martino ferrent, ne quis, dum templum dirueretur, obsisteret.

âmes d'élite, qui, sur la terre, agrandissent son royaume et sont les soutiens du monde.

Les trois résurrections de saint Martin.

« Saint Martin, par la puissance de la sainte Trinité, mérita de ressusciter magnifiquement trois morts [1]. »

Ainsi s'exprime le Bréviaire romain dans un répons de l'office du saint. Deux de ces résurrections furent opérées par saint Martin, quand il était encore moine, et la dernière par saint Martin évêque. Nous empruntons le récit de ces trois miracles à la *Vie de saint Martin* de Mgr l'évêque de Cérame, qui lui-même n'a fait que traduire Sulpice Sévère. La première résurrection eut lieu à Ligugé, en faveur d'un catéchumène. « Ce jeune homme fut atteint d'une fièvre violente, dont la marche fut si rapide et les

[1] ... Ut in virtute Trinitatis deificæ mereretur fieri trium mortuorum suscitator magnificus... (Brev. Rom. XI nov.)

effets si imprévus, qu'il mourut subitement avant qu'on eût le temps de lui conférer le baptême. Notre saint était absent pendant cette maladie ; il trouva à son retour les frères qui se succédaient pour faire des prières auprès du cadavre étendu au milieu d'une des pièces de la maison, et qu'on allait ensevelir. A cet aspect, Martin est saisi d'une vive douleur ; il fond en larmes en songeant que cet infortuné a quitté la vie sans recevoir le sacrement de la régénération. Enfin, frappé d'une lumière surnaturelle, Martin ordonne à tout le monde de sortir, et, se prosternant à l'imitation du prophète Élisée, il implore la toute-puissance de Dieu pour que la vie soit rendue à ces restes inanimés. Il avait ses regards fixés sur le visage du défunt, et attendait avec confiance l'effet d'une prière prolongée pendant deux heures[1], lorsque ces membres, qui étaient morts, font un mouvement, et ces yeux, qui étaient éteints, s'ouvrent à la lumière. Alors, trans-

---

[1] Et quum aliquamdiu orationi incubuisset, sensissetque per spiritum Domini adesse virtutem, erectus paululum, et in defuncti ora defixus, orationis suæ ac misericordiæ Domini intrepidus exspectabat eventum : vixque duarum fere horarum spatium intercesserat.

porté de joie, Martin fait éclater sa voix en actions de grâces. Les frères accourent à ce bruit, et retrouvent leur mort plein de vie : le ressuscité vécut encore plusieurs années, après avoir reçu la grâce du saint baptême. Il raconta souvent ensuite qu'aussitôt après sa mort il avait comparu devant le souverain Juge, et avait été condamné à habiter avec d'autres âmes des régions ténébreuses, où on le conduisait, quand deux anges, de ceux sans doute qui, selon la sainte Écriture, offrent à Dieu les prières des justes, vinrent, pour ainsi dire, réclamer en sa faveur au nom des prières de Martin. C'est alors que l'ordre fut donné de rendre le mort à la vie. »

Ce miracle commença à donner une grande célébrité au nom de Martin. Il fut bientôt suivi d'une seconde résurrection non moins éclatante.

« Saint Martin passait par les terres d'un homme considérable, du nom de Lupicin. Tout à coup le serviteur de Dieu entend des cris lamentables poussés par un grand nombre de personnes. Il en est ému, et en demande la cause. On lui dit qu'un des esclaves s'est donné la mort en se pendant, et on l'introduit dans l'appartement où était le corps de ce malheureux. Alors il demande à rester seul [1], et il renouvelle les mêmes prostrations et les mêmes prières qu'il avait faites sur les restes sans vie du catéchumène de Ligugé. Le visage du mort se ranime, ses yeux se tournent vers le ciel; il essaie, mais en vain, de se soulever; puis, aidé de la main de Martin, il se dresse sur ses pieds, et s'avance avec lui dans le vestibule de la maison, en présence d'une foule ravie de joie et d'admiration. »

La troisième résurrection opérée par saint Martin fut celle d'un enfant. « Un jour, allant à Chartres, il traversait un village païen : c'était, suivant la tradition, *Vindocinum*, aujourd'hui Vendôme. Son passage étant connu d'avance, les habitants, mus par la curiosité qu'excitait une réputation sans exemple depuis les apôtres, étaient accourus pour le voir. Lui, de son côté, ne voulait pas passer sans faire du bien à ce pauvre peuple. Il attend d'en être entouré; alors, levant les yeux au ciel, il prie de toute son âme le Seigneur d'éclairer ceux pour qui il ressent une tendre compassion. Un mou-

---

[1] Exclusisque omnibus turbis, superstratus corpori, aliquantisper oravit.

vement intérieur l'avertit de l'assistance du Saint-Esprit, et d'une voix surhumaine il annonce à ce peuple les vérités du salut. Sa parole est si vive, si pénétrante, si supérieure en force à toute parole de l'homme, qu'on aurait dit Dieu lui-même parlant par sa bouche. L'impression était grande parmi les auditeurs, lorsqu'une femme qui venait de perdre son fils unique vint à travers la foule apporter à Martin le corps de ce fils, en disant : « Nous savons que tu es l'ami de Dieu : rends-moi mon fils, mon fils unique. » Le saint, pénétré de la pensée que c'était une occasion offerte par la providence miséricordieuse du Seigneur de donner à sa prédication la confirmation la plus éclatante, prend l'enfant dans ses bras, fléchit le genou, adresse à Dieu une fervente prière; puis, comme Notre-Seigneur avait fait à la veuve de Naïm, il rend à la mère son fils ressuscité : *Et dedit illum matri suæ.* Alors tout ce peuple de s'écrier que le Dieu de Martin est le vrai Dieu, et tous, se prosternant aux pieds du saint, lui demandent à être instruits pour recevoir le baptême ; et lui, exauçant leurs vœux, les fait tous catéchumènes par une imposition générale des mains. »

La prière est l'arme des saints ; c'est le

levier qui soulève les montagnes, c'est-à-dire les difficultés suscitées par le démon ; c'est l'échelle mystique qui rapproche du ciel. Saint Martin se servait de la prière comme on se sert d'un ambassadeur pour arriver près d'un prince. Dans la narration du triple miracle qui précède, il y a un détail qui s'impose à la réflexion : c'est le recours de saint Martin à une prière plus longue et plus fervente quand il réclame une grâce extraordinaire de Dieu. Il pria avant d'opérer ces trois résurrections. Le miracle, en effet, est un acte de la puissance divine, supérieur aux lois de la nature; tantôt Dieu l'exerce lui-même ; tantôt il en accorde la dispensation à certaines âmes d'élite, soit pour donner à leur mission une autorité plus grande, soit pour ramener à la foi des esprits incertains ou hostiles. Mais les saints, se souvenant de leur origine terrestre, agissent toujours en délégués, et jamais en leur propre nom. S'ils guérissent, s'ils ressuscitent, si les fléaux se retirent devant eux, c'est toujours au nom de Dieu qu'ils parlent et commandent à la nature, et après avoir obtenu, par des supplications prolongées, l'investiture de sa puissance. A Ligugé, saint Martin prie quelque temps en présence du cadavre du catéchumène, et immédiatement après cette prière un mouvement intérieur du Saint-Esprit le prévient de la concession que Dieu lui fait d'une autorité surnaturelle pour faire un miracle : *Et quum aliquandiu orationi incubuisset, sensissetque per Spiritum Domini adesse virtutem...* Il continue néanmoins à prier, et après deux heures de cet exercice suppliant, il aperçoit le mort donner les premiers signes de vie : *Vixque duarum fere horarum spatium intercesserat, vidit defunctum paulatim membris omnibus commoveri.*

Dans la résurrection de l'esclave, le procédé de saint Martin est le même ; il fait sortir de la chambre du mort tous les assistants, et il prie pendant quelque temps, courbé sur ce cadavre déjà livide ; sa prière est un souffle fécond qui rallume la vie éteinte : *Exclusisque omnibus turbis, superstratus corpori, aliquantisper oravit.*

Enfin, dans la résurrection de l'enfant de Vendôme, l'action de la prière est plus apparente encore. En présence de la foule païenne qui l'entoure, saint Martin est saisi d'un frémissement surnaturel, indice précurseur des grandes choses que le Saint-Esprit lui inspire d'accomplir pour le salut des âmes : *Sensit hic Martinus operandum,*

et annuntiante sibi Spiritu totus infremuit.
La scène est grandiose : c'est en pleine campagne, devant un cadavre d'enfant et une douleur maternelle dont il ne peut supporter l'aspect, en face d'un public prévenu, mais désireux de contempler un prodige, que le thaumaturge s'agenouille et prie avec une foi qui transfigure tout son être. Ses soupirs et son humilité appellent la puissance de Dieu ; sa prière terminée, il se lève, et la mort, vaincue, rend son innocente victime.

Saint Martin, dans ces trois circonstances, pratique dans toute sa perfection un des points élémentaires de l'enseignement chrétien, à savoir : qu'il est dans la vie certains moments où, soit à cause des périls plus grands pour l'âme ou pour le corps, soit à cause de certaines épreuves et tentations réclamant une plus grande énergie morale, ou bien encore pour l'obtention de grâces spéciales, le recours à une prière plus fervente est accidentellement obligatoire. Tous les docteurs, dans leurs écrits, et tous les saints, par leur exemple, ont fait le panégyrique de la prière ; ils l'ont montrée comme l'occupation habituelle la plus douce d'une âme chrétienne, et ils l'ont dépeinte également comme l'auxiliaire le plus utile dans les crises de la vie. Dans les cœurs purs, et que l'humilité préserve de la présomption, elle a élu sa demeure. Là, comme dans un sanctuaire, elle balance son encens ; le maître de toutes choses' respirant ce doux parfum, blessé par les mille flèches de la tendresse filiale, a pitié de sa créature, et, de la plaie agrandie de son cœur, il laisse arriver jusqu'à elle tous les pardons de sa miséricorde et toutes les bénédictions du temps et de l'éternité.

Saint Martin et le démon.

Tu me trouveras toujours sur ton chemin, avait dit l'esprit de ténèbres à saint Martin, en lui barrant le passage dans les escarpements des Alpes. Cette haineuse déclaration de guerre n'intimida pas le saint : il accepta les conditions d'une lutte qui devait être sans paix ni trêve. Personne ne livra à Satan de plus rudes combats, et ne lui fit plus de mal; personne aussi ne fut plus en butte aux colères et aux persécutions de l'ennemi. Pour mieux tromper, le séducteur variait à l'infini son déguisement et ses points d'attaque; mais saint Martin savait le démasquer et le reconnaître sous ses physionomies d'emprunt. A chaque apparition diabolique il opposait la prière, et congédiait de sa cellule l'esprit importun venu pour en troubler la paix.

Souvent le démon prenait les formes et le caractère des dieux païens ; c'est ainsi que saint Martin eut à lutter contre l'astucieux Mercure et contre Jupiter lui-même : le premier avait beaucoup de sagacité, le second paraissait plus lourd et moins rusé [1]. Les disciples du saint entendaient parfois des cris et des bruits sourds sortir du rocher habité par leur maître; ce tumulte était un indice certain des glorieux combats livrés à Satan. La sérénité de l'apôtre ne souffrait nullement de ces assauts répétés, et quand ses frères, effrayés, arrivaient pour lui porter secours, ils voyaient une lumière surnaturelle rejaillir de sa personne et des murs de sa cellule. Les anges, à leur tour, venaient consoler le lutteur fatigué, comme autrefois au désert ils visitaient le Sauveur.

Saint Martin poursuivait le démon dans tous ses retranchements. Il le chassait du corps des possédés ; il convertissait ses adorateurs à la vraie foi, et d'idolâtres il faisait des chrétiens ; il guérissait les démoniaques,

---

[1] Jam vero dæmones, prout ad eum quisque venisset, suis nominibus increpabat. Mercurium maxime patiebatur infestum : Jovem brutum atque hebetem esse dicebat.

qui, par reconnaissance, suivaient ses pas et publiaient ses louanges. Tous les satellites de l'enfer, traqués par sa puissance et exaspérés par ses miracles, se voyaient réduits à dénoncer eux-mêmes les mensonges dont ils se servaient pour tromper les hommes. Sulpice Sévère raconte à cette occasion le trait suivant :

« Une ville était sous le coup de la terreur, se croyant menacée par une invasion prochaine de barbares. Un démoniaque avait été le messager de cette effrayante nouvelle. Mais Martin ne se laisse pas prendre à ces artifices ; il interroge le démon, le presse de questions, lui ordonne de parler, et le menteur avoue que le danger est imaginaire, et qu'ils sont dix esprits mauvais qui ont fait courir ce bruit dans le peuple, pour le forcer, lui, Martin, à fuir une cité où il fait tant de mal à leur empire [1]. »

Un personnage considérable, Tetradius, sollicite la guérison de son serviteur, tourmenté du démon. Saint Martin, dont le sa-

---

[1] Tunc confessus est, se decem dæmones fuisse, qui rumorem hunc per populum disseminassent, ut hoc saltem metu ex illo Martinus oppido fugaretur : barbaros nihil minus quam irruptionem cogitare.

lut des âmes est la grande préoccupation, y consent, mais à la condition que Tetradius renoncera au paganisme. Le contrat est accepté et loyalement observé par les deux parties. Le miracle a lieu, le serviteur est guéri, et le maître, reconnaissant, se fait chrétien. Un double but est ainsi atteint, et le démon subit en un seul moment la honte d'une double défaite.

Quelquefois le démon se faisait philosophe; il attaquait son adversaire par des raisonnements subtils, et cherchait à l'enlacer dans les mailles d'une discussion captieuse. Mais le saint, toujours en éveil, n'acceptait pas la lutte sur ce terrain. Il avait recours aux armes spirituelles : la prière, le jeûne, le silence; il se munissait du signe de la croix; il employait les exorcismes et tous les moyens de défense recommandés par l'Église. Il eût cru s'exposer en descendant au champ de la controverse; inébranlable dans les doctrines, affirmant les vérités et se renfermant dans la parole de Dieu, il déconcertait un ennemi qui sème les ténèbres et déplace la notion des devoirs. Une fois cependant Martin le confondit en se servant de ses propres armes. Le démon lui reprochait d'avoir admis dans son monastère des postulants dont la vie n'avait pas toujours été édifiante, et il en prenait occasion pour accuser le saint de relâchement. Martin, dans cette circonstance, crut devoir défendre ses frères contre ces accusations vraies ou supposées : il fit l'éloge de la pénitence, comme étant un moyen de regagner l'amitié de Dieu. Le démon, s'obstinant à nier l'efficacité du repentir pour le salut, saint Martin le confondit en se portant fort de lui faire obtenir miséricorde à lui-même, s'il voulait ne plus poursuivre les hommes, et se décider à faire pénitence [1]. Cette déclaration mit fin au combat.

Repoussé sur tous les points, le démon, dont l'empire est chaque jour plus ébranlé par les vertus et la prédication de saint Martin, se venge par des persécutions de tout genre. Il n'est pas d'invention méchante à laquelle il n'ait recours, et les victoires du saint bien souvent ne sont obtenues qu'au prix de sa sécurité personnelle. Satan ne lui laisse aucun repos. Il l'attaque, tantôt dans sa personne, tantôt dans celle de ses disciples,

---

[1] Si tu ipse, o miserabilis, ab hominum insectatione desisteres, et te factorum tuorum vel hoc tempore, quum dies judicii in proximo est, pœniteret, ego tibi vere confisus in Domino Jesu Christo misericordiam pollicerer.

tantôt aussi dans ses œuvres : il incendie sa cellule, mais les anges conjurent le péril ; il se sert de la colère d'une vache furieuse pour blesser mortellement un de ses novices, mais la prière du saint rend au blessé les forces et la vie. Un jour l'ennemi tente saint Martin de découragement, comme à Trèves ; un autre jour, il le tente de présomption. Cette seconde tentation ne fut pas la moins dangereuse ; mais, comme les autres, elle tourna à la confusion de Satan. La tête couronnée d'un diadème, la figure rayonnante, les vêtements brillants, le démon entre dans la cellule du saint à l'heure de sa prière. Longtemps ils gardent tous les deux le silence ; Satan le rompt le premier : « Reconnais-moi, Martin, dit-il avec une perfide douceur ; je suis le Christ : descendant sur la terre, j'ai voulu tout d'abord me manifester à toi. » Un instant la clairvoyance du saint hésite ; mais, à une seconde parole de l'apparition, il reconnaît la supercherie diabolique : « Non, dit-il, tu n'es pas mon Maître : Jésus portait une couronne d'épines, et toi tu portes une couronne d'or ; je ne reconnaîtrai mon Maître que sous l'habit et avec les stigmates de la souffrance. » Cette apostrophe énergique déconcerte le démon, qui disparaît aussitôt au sein d'un noir tourbillon de fumée [1].

Mais ce fut surtout à l'heure de la mort du thaumaturge, à Candes, que le démon renouvela ses plus rudes assauts. Vaincu jusqu'à ce jour, humilié en tant de combats mémorables, il espère prendre sa revanche par un suprême effort. Saint Martin est là gisant, entouré de ses disciples désolés. Il regarde le ciel, et c'est en vain qu'on veut le changer de position, et le retourner sur la cendre qu'il a choisie pour lit funèbre. Il ne cesse de contempler à travers l'espace la route qu'il va suivre bientôt pour être réuni à Dieu [2]. C'est à ce moment de prière et d'espérance que le démon se montre à lui pour désoler son agonie; il vient engager la dernière reprise du duel impitoyable dans lequel il a reçu de si profondes blessures. Mais saint Martin l'apostrophe avec énergie : « Que

---

[1] ... « Non se, inquit, Jesus Dominus purpuratum et diademate renitentem venturum esse prædixit. Ego Christum, nisi in eo habitu formaque qua passus est, nisi stigmata præferentem, venisse non credam. » Ad hanc ille vocem statim ut fumus evanuit.

[2] « Sinite, inquit, sinite me, fratres, cœlum potius respicere quam terram, ut suo jam itinere iturus ad Dominum spiritus dirigatur. »

fais-tu là, bête cruelle? Tu ne trouveras rien en moi qui t'appartienne. Je serai reçu dans le sein d'Abraham [1]. » Et c'est en lançant à l'ennemi ce défi méprisant que le saint octogénaire s'endort du sommeil des prédestinés, la face et les mains tournées vers le ciel. Au doute, il oppose la foi ; aux menaces, il oppose la confiance en Dieu ; on lui dit de regarder la terre, et il ne veut contempler que le ciel : la lutte est enfin terminée, et le repos commence.

Image de la vie chrétienne, saint Martin est le modèle de la résistance aux tentations. Il ne discute pas avec le démon, comme notre première mère ; il parle d'une manière impérative. Entrer en pourparlers avec le démon et ses séductions, c'est déjà affaiblir la volonté et la détourner du bien. Notre-Seigneur et les saints ont agi autrement. Au désert, le Sauveur chassait l'esprit malin en lui opposant la loi de Dieu, et par là même il réduisait à néant toute objection contre elle : « Il est écrit... : » *Scriptum est...* Les saints ont suivi cette méthode victorieuse.

---

[1] « Quid hic, inquit, astas, cruenta bestia? Nihil in me, funeste, reperies. Abrahæ me sinus recipiet. » Cum hac ergo voce animam cœlo reddidit.

Comme saint Martin, ils se sont fait un rempart de l'obéissance, de l'humilité et du respect de la loi divine. Saint Martin apprend à tout chrétien de quelle prudence il faut entourer sa vie. Les leçons du saint rappellent aux esprits sceptiques que le diable n'est pas un être légendaire endormi dans un monde lointain; c'est un être réel, plein de malice et de puissance, dont il serait puéril et dangereux de contester l'action sur les âmes. Jésus-Christ, l'enseignement de l'Église, l'expérience et les affirmations des saints en témoignent hautement. Mais si les chrétiens savent quelle est la puissance du démon, ils savent aussi quelle est sa faiblesse. A l'exemple de saint Martin, ils prient, ils veillent, ils fuient les périls, et se renferment dans le souvenir et la pratique de leurs devoirs, ainsi qu'en un asile inexpugnable; comme lui encore ils repoussent l'ennemi au nom de Jésus-Christ, abrités dans son cœur et gardés par les anges.

Après avoir lu la vie de saint Martin, on récite avec plus de foi cette demande du *Pater: Et ne nos inducas in tentationem:* « Et ne nous laissez pas succomber à la tentation ! »

2*

Saint Martin, la nature et les âmes.

Rien n'est intéressant comme la prédication des saints; leur parole reflète toutes les beautés de la nature et de la grâce; ils ont un sens exquis à discerner tout ce qui leur rappelle de près ou de loin les perfections divines. Leurs âmes, exemptes de péché, pures comme la lumière, s'élèvent rapidement de la contemplation des spectacles extérieurs à l'amour des beautés invisibles de l'ordre surnaturel. Tous les symboles de la nature ont pour eux un langage; comme saint François d'Assise ils savent faire parler les fleurs, les bois, les eaux et les cieux, et tous les hôtes de l'immensité; comme saint François de Sales ils animent d'un souffle de leur foi tous les êtres muets ou dénués de raison, pour les convier à un concert d'amour au Dieu créateur. Ainsi fut l'âme de saint Martin ; pleine de simplicité et de grandeur, chantant toujours les louanges de Dieu, s'élevant à la contemplation de l'harmonie des mondes et des tableaux admirables qui se déroulent au sein de la majesté. Du reste, tous les saints ont suivi en cela les exemples de Notre-Seigneur, pour qui la nature était un livre ouvert d'où il tirait les plus belles comparaisons de sa divine éloquence. Le bon Maître parle en paraboles, se sert de comparaisons accessibles à tous les esprits ; il n'est personne dans son auditoire qui ne puisse saisir sa pensée ; elle resplendit à tous les regards comme le rayon de soleil dans le pur cristal qu'il pénètre. Jésus-Christ parle des petits oiseaux du ciel, des lis des champs et de la gloire de Salomon ; de la brebis égarée et de la pièce de monnaie perdue, des moissons fécondes, du ciel nuageux ou serein, de la vigne et de sa culture. La nature lui offre les plus gracieuses images et prend sur ses lèvres une expression de beauté incomparable.

Saint Martin est bien aimable à étudier dans ce caractère qui lui donne un trait de plus de ressemblance avec son Maître. On serait tenté de croire, en voyant les luttes contre le démon et les œuvres miraculeuses du thaumaturge, que l'austérité résume sa vie. Il n'en est rien; la grandeur et la simplicité s'allient merveilleusement en lui; il est doux et il est fort; il terrasse l'idolâtrie et il abat ses temples, il enseigne avec autorité; mais il sait aussi instruire avec grâce; il admire, il pleure; il a toutes les émotions tendres et sublimes; c'est un docteur, c'est un enfant; c'est un lion, c'est un agneau.

Interrogeons l'historien de sa vie. Saint Martin aperçut un jour un lièvre poursuivi par des chiens de chasse; éperdu, rendu de fatigue, le pauvre petit animal va être saisi par la meute, quand Martin, touché du péril, intervient en faveur du fugitif, et ordonne aux chiens de le laisser en paix; aussitôt leur ardeur se calme; ils deviennent immobiles sous l'autorité qui les enchaîne, et le petit lièvre échappe à leurs poursuites [1].

Dans une de ses promenades avec ses disciples, saint Martin aperçut une brebis récemment tondue qui passait non loin de là: aussitôt il se reporte à la pensée de la vertu

---

[1] Ita lepusculus, persecutoribus alligatis, incolumis evasit.

de pauvreté, et il en fait l'éloge avec l'image qu'il a sous les yeux. « Admirez, dit-il, comme cette brebis observe le précepte évangélique ; elle avait deux robes ; elle en a donné une à qui n'en avait pas ; ainsi devez-vous faire : vous dépouiller volontiers et partager par la charité avec vos frères malheureux. »

Un gardeur de pourceaux, demi-nu et transi de froid, à peine couvert d'un habit de peaux de bêtes, se rencontre sur sa route : « Voilà, dit aussitôt le saint, Adam chassé du paradis terrestre, couvert de peaux de bêtes, et gardant les pourceaux. Pour nous, renonçons au vieil homme, et revêtons le nouveau. »

La comparaison tirée du spectacle d'une prairie est la plus belle, et on peut la citer pour son mérite spirituel et pour sa grâce littéraire. Une partie de cette prairie avait servi de pâture aux bœufs ; une seconde avait été foulée aux pieds et dévastée par les pourceaux ; et enfin un coin respecté par les animaux présentait à l'œil une verdure toute printanière où les fleurs et les herbes mélangeaient leurs parfums et leurs couleurs. Saint Martin s'élève, à la contemplation de ce paysage, à une hauteur de vue incomparable : « Voilà, dit-il en montrant l'endroit où l'on avait parqué les bœufs, voilà l'image de l'état du mariage; il y a encore de la verdure, mais l'ornement des fleurs a disparu ; cette autre partie ravagée par des animaux immondes représente la honteuse débauche; et cette nappe de fleurs qui est restée exempte de toute atteinte est la figure de la virginité. Ici la nature est parée d'un vêtement de gloire; la verdure est riche et les fleurs sont brillantes; on dirait des pierres précieuses qui renvoient au loin l'éclat de leurs couleurs [1]. »

Peu de temps avant sa mort, saint Martin, appelé à Candes pour rétablir la paix entre les clercs de cette paroisse, descendait la Loire avec ses disciples, au confluent de la Vienne avec le fleuve. Il aperçut des oiseaux voraces qui, embusqués dans les roseaux du rivage, guettaient les petits poissons et les saisissaient quand ils bondissaient joyeusement au-dessus des flots. « Voilà, dit le saint attristé, l'image des démons. Ils dressent des embûches aux imprudents, les surprennent

---

[1] Illa portio quæ nullam sensit injuriam, gloriam virginitatis ostendit, herbis fecunda luxuriat, fœni in ea fructus exuberat, et ultra omnem speciem distincta floribus, quasi gemmis micantibus ornata radiat.

et les dévorent [1]. » Saint Martin, que ce spectacle désolait, et qui ne pouvait voir le fort opprimer le faible, ordonna aux oiseaux de se retirer dans les bois, prescription à laquelle ils obéirent immédiatement. Les âmes mondaines et légères qui sortent de l'élément de la piété pour partager les folies du siècle se reconnaîtront à ce tableau ; tout est péril à qui ne sait pas rester à la place où la main de Dieu l'a établi.

Une vierge, illustre par sa sainteté et vénérable par son âge, était retirée dans une cellule de rocher depuis de longues années. Saint Martin, passant avec ses disciples dans le voisinage, voulut se détourner un moment de sa route pour saluer et encourager cette fille spirituelle. Mais elle, désireuse d'observer toute la rigueur de la clôture, n'accepta pas l'honneur de la visite épiscopale, et fit agréer des excuses [2]. Martin, loin de s'indigner, loua hautement

[1] Forma, inquit, hæc dæmonum est : insidiantur incautis, capiunt nescientes; captos devorant, exsaturarique non queunt devoratis.

[2] Verum illa fortissimi vincula propositi ne Martini quidem contemplatione laxavit. Ita vir beatus, accepta per aliam feminam excusatione laudabili, ab illius foribus, quæ videndam se salutandamque non dederat, lætus abscessit.

cet acte de persévérance dans une ligne de conduite suivie depuis si longtemps, et fit remarquer à son entourage toute la grandeur d'âme de la pieuse vierge. Celle-ci, associant délicatement le respect au refus, envoya sur le soir au saint évêque, retenu dans une localité voisine, des présents qui consistaient probablement en fruits de son jardin. Saint Martin qui, jusqu'à ce jour, n'avait rien accepté de personne, reçut ces présents avec reconnaissance, en disant que les offrandes des vierges apportent toujours avec elles une bénédiction divine [1]. On ne sait ce qu'il faut ici le plus admirer, des procédés délicats de la sainte recluse ou de la reconnaissance et des réflexions pieuses du grand évêque. La grandeur d'âme et la simplicité évangélique s'allient merveilleusement dans ce fait que l'histoire et la poésie ont célébré à l'envi.

Tous les aimables contrastes se rencontrent dans la vie de saint Martin; son devoir est sa règle absolue; mais en même temps qu'il en pratique toutes les rigueurs,

[1] Nihil ex his quæ virgo venerabilis miserat, refutavit, dicens benedictionem illius a sacerdote minime respuendam, quæ esset multis sacerdotibus præferenda.

il sait, dans ses rapports avec le prochain, s'oublier lui-même, et gagner les âmes à Jésus-Christ par une condescendance tout évangélique. A Trèves, où il est allé plaider la cause de condamnés politiques près de l'empereur Maxime, il fait respecter le caractère sacerdotal et manifeste la puissance de la sainteté au sein d'une cour toute mondaine. L'impératrice, touchée de ses vertus, obtient de l'empereur l'autorisation d'inviter à sa table le saint évêque. La charité, les grâces d'amnistie qu'il vient solliciter l'emportent, dans les décisions de saint Martin, sur ses habitudes de solitude et d'éloignement du monde. Il prend place avec l'empereur à la table de l'impératrice. Celle-ci, oublieuse de ses grandeurs, se fait l'humble servante de son hôte illustre; elle approche la table, elle étend le tapis, elle présente l'eau pour laver les mains, et, debout, dans l'attitude de la modestie, attentive et respectueuse, elle sert de ses mains celui dont la présence est un honneur pour son palais [1]. Assidue

---

[1] Ipsa, illo sedente, eminus secundum famulantium disciplinam solo fixa consistit immobilis, per omnia ministrantis modestiam et humilitatem exhibens servientis : miscuit ipsa bibituro, et ipsa porrexit.

aux entretiens du saint, la pieuse impératrice écoute ses enseignements et recueille pour son âme un trésor de piété.

Tout est simple et grand dans cet incident de la vie de saint Martin. Il se fait tout à tous, et les honneurs qu'il accepte, loin d'être ici une dérogation aux lois de l'humilité, sont un acte tout à la gloire de Jésus-Christ qu'il représente. Il ne veut ni frustrer son Maître de ces témoignages de vénération, ni contrister une âme dont la foi se manifeste par toutes les délicatesses de l'hospitalité chrétienne. Mais si nous nous étonnons de voir Martin accepter en passant des honneurs dont tout le lustre revient à la religion, nous pouvons immédiatement opposer à cette exception d'autres actes dans lesquels les rôles sont complétement intervertis.

De Trèves revenons à Tours et à Marmoutier. Là nous retrouverons le saint dans la simplicité de ses habitudes, vivant comme un anachorète, et pratiquant à l'égard des pèlerins et des étrangers tous ces soins de charité imités des patriarches et devenus des traditions dans les monastères. L'historien de la vie de saint Martin, Sulpice Sévère, que la renommée attira à Marmoutier, a consigné dans son écrit tous les détails de la réception qui lui fut faite; cette page pleine de poésie est l'histoire jour par jour de l'hospitalité monastique :

« Je ne saurais dire avec quelle humilité et quelle bienveillance il me reçut, et quelle satisfaction il montra du but religieux de mon voyage. Il voulut bien, par une exception toute paternelle, m'admettre à sa table, me présenter l'eau pour laver les mains, et sur le soir me laver les pieds. Je dus me prêter à toutes ces attentions de sa charité, et je me serais fait un crime de n'y point consentir [1]. Il ne nous parla que des dangers du monde, de ses liens, dont il fallait nous dégager, et nous cita en témoignage l'exemple illustre de Paulin (depuis saint Paulin, évêque de Nole). Quelle gravité dans sa parole! quelle dignité dans sa personne! quelle vénération et quelle facilité à expliquer les textes les plus difficiles de la sainte Écriture ! »

Saint Martin, on le voit, excellait dans

---

[1] Aquam manibus nostris ipse obtulit; ad vesperam autem ipse nobis pedes abluit : nec reniti aut contraire constantia fuit; ita auctoritate illius oppressus sum, ut nefas putarem si non acquievissem.

toutes les délicatesses de l'amitié chrétienne. Sa vie est un chant harmonieux qui n'a que deux notes : l'amour de Dieu et l'amour du prochain; et tout ce que l'imagination peut rêver de plus gracieux sert de parure aux éminentes vertus de cet apôtre : « Il est bien véritablement l'homme ineffable : » *O virum ineffabilem !*

Portrait de saint Martin.

« Personne ne le vit jamais irrité ou ému, triste ou se livrant au rire : d'une égalité d'humeur constante, portant sur sa physionomie un reflet de la joie du ciel, il paraissait être au-dessus de la nature humaine [1]. Sur ses lèvres, il n'avait que Jésus-Christ; dans son cœur, il n'y avait que piété, paix et miséricorde. Il pleurait sur ses détracteurs, afin que Dieu leur remît leurs péchés. »

Ces paroles de Sulpice Sévère résument le magnifique éloge qu'il a fait de son héros. Les rapports de saint Martin avec Dieu et avec le prochain sont caractérisés dans cette esquisse à grands traits : ce n'est pas un homme ordinaire, c'est *un homme surnaturel*.

---

[1] Unus idemque semper, cœlestem quodammodo lætitiam vultu præferens, extra naturam hominis videbatur.

Ses rapports avec Dieu, nous les connaissons déjà; ils sont le ressort de cette âme héroïque. Modèle de la vie intérieure, saint Martin, comme le divin Sauveur, passait les nuits en prières et en veilles, tandis que ses journées étaient employées à l'apostolat. Tel il fut pendant sa vie, tel nous le retrouvons à l'heure de sa mort. Les déchirements de l'agonie ne l'arrachaient pas à la prière; son *esprit était invinciblement appliqué* à cette douce occupation [1]. Conversant avec Dieu dans l'habitude de la vie, il goûtait toutes les joies de sa sainte présence, et de nombreuses faveurs surnaturelles récompensaient son amour de l'oraison. Les anges, chaque jour, le visitaient et le consolaient par leurs séraphiques entretiens [2]. Les âmes les plus pures du ciel partageaient avec lui les saintes joies de la contemplation; la Mère de Dieu lui apparut plusieurs fois dans sa cellule de Marmoutier, accompagnée de sainte Thècle et de sainte Agnès, vierges illustres. Il eût voulu taire ces faveurs; mais les questions pressantes de ses disciples arrachèrent à sa modestie ces confidences pré-

---

[1] Invictum ab oratione spiritum non relaxabat.
[2] Cum isto angeli quotidie loquebantur.

cieuses [1]. La solitude charmait sa vie, et il avouait naïvement qu'il avait joui, quand il vivait en ermite, de grâces plus abondantes que pendant les incessants labeurs de l'apostolat. Point d'oisiveté dans sa vie ; tous les moments étaient utilement employés : alternant merveilleusement les soins de l'oraison avec ceux de l'étude de la sainte Écriture, qui lui était familière, il priait encore en parcourant les livres sacrés. Mortifié, et ne donnant au repos et aux exigences de la vie corporelle que ce qu'il ne pouvait absolument pas leur refuser [2], il était sous la mitre l'imitateur et l'émule des solitaires les plus renommés des thébaïdes de l'Orient.

Homme surnaturel, il n'agissait qu'en vue de Dieu. Son intention était pure comme son cœur ; cherchant à plaire exclusivement à son divin Maître, il avait horreur des petits calculs destinés à rémunérer l'amour-propre. Il vivait au milieu des œuvres extraordinaires accomplies par ses mains, sans que son âme fût jamais enivrée par les fumées de l'orgueil. Personne ne combattit plus vi-

[1] Dicam, inquit, vobis, sed vos, quæso, nulli dicatis. Agnes, Thecla, et Maria mecum fuerunt.
[2] Sed ne cibo aut somno quidem, nisi in quantum naturæ necessitas cogebat.

goureusement, non-seulement la vanité, mais encore les causes et les occasions de la vanité [1]. Son âme ne redoutait que le péché; la crainte filiale de Dieu conservait en son cœur virginal les dons confiés à sa vigilance; comme saint Paul, il se disait sans cesse : *Si je cherchais à plaire aux hommes, je ne serais plus le serviteur de Jésus-Christ* [2]. On vit ce grand thaumaturge, que les princes avaient appris à honorer comme les peuples, pleurer comme un enfant, et livré aux plus cruelles angoisses pour une faute légère qui n'était due qu'à un excès de commisération et de charité. A Trèves, il avait pris la défense d'hérétiques contre des évêques espagnols qui demandaient leur mort, et pour sauver la vie de ces malheureux, tout en restant inattaquable dans la doctrine, il avait communiqué un moment avec les ithaciens, leurs accusateurs : l'empereur Maxime avait mis la grâce des coupables à ce prix. Martin craint d'avoir offensé sa conscience par ce contact; il ne se croit plus digne des grâces

---

[1] Sed credas, velim, non solum vanitati, sed causis etiam atque occasionibus vanitatum neminem fortius repugnasse.

[2] Si adhuc hominibus placerem, Christi servus non essem. (Galat. 1, 10.)

de Dieu; il quitte la cité, le chagrin dans l'âme, et il faut qu'un ange vienne le consoler, comme autrefois le Sauveur, dans cette agonie où il succombe. Celui qui avait tari la source des pleurs dans tant de cœurs brisés, ne savait plus se rassurer lui-même contre son propre désespoir, tant l'apparence du péché effrayait sa délicatesse. « Ranime ton courage, lui dit l'ange, afin de ne pas mettre maintenant en péril, non ta réputation, mais ton salut [1]. »

O tendres natures des saints, si flexibles et si intraitables à la fois; vous dont la colère, comme celle d'un lion, effraie Satan et protége les amis de Dieu; colombes plaintives qui charmez la solitude par vos chants, et redites au loin les douleurs de tous ceux qui pleurent, nous ne pouvons vous contempler sans admirer le Dieu qui vous fit si fortes et si douces, et qui vous donna toutes les lumières du ciel et toutes les larmes de la terre!

L'amour de saint Martin pour Dieu était fort jusqu'à l'héroïsme, et tendre jusqu'aux effusions d'une familiarité toute filiale. Avec

[1] Astitit ei repente angelus : « Merito, inquit, Martine, compungeris; sed aliter exire nequisti. Repara virtutem, resume constantiam, ne jam non periculum gloriæ, sed salutis incurreris. »

le prochain, sa charité était compatissante et zélée ; le fiel n'envenima jamais son cœur, et les fatigues et les mauvais traitements ne découragèrent jamais son apostolat. Nous savons à quel point il aimait les âmes ; mais, ce qui ne pénètre pas d'une moindre admiration, c'est la douceur évangélique de son caractère dans les habitudes de la vie commune. Sulpice Sévère, en trois mots, fait le portrait de ce saint, et nous le montre, après les œuvres éclatantes de son ministère, faisant le charme des réunions de sa famille religieuse, et unissant tous les cœurs dans une même charité fraternelle. *Il ne jugeait personne, il ne condamnait personne, il ne rendait à personne le mal pour le mal* [1].

En appliquant à un seul fait ce triple aspect de sa vertu, nous aurons saint Martin tout entier.

Parmi ses disciples de Marmoutier se trouvait un esprit inquiet et jaloux, se plaignant des rigueurs de la discipline, porté à la critique, et dont la mission semblait être d'exercer la patience de son maître. Il s'appelait Brice. Les longues oraisons du saint étaient traitées par lui de visions d'un fana-

---

[1] Neminem judicans, neminem condemnans, nulli malum pro malo reddens.

tique, et les fréquents pèlerinages des pauvres gens que la renommée attirait auprès de saint Martin, dans l'espérance de guérisons miraculeuses, avaient surtout le secret de lui déplaire. Le démon lui-même entretenait dans ce mécontent la mauvaise humeur et l'insubordination, et des scènes pénibles en étaient la conséquence [1]. Mais saint Martin sut tourner en bien ce qui était un mal.

Il ne jugea pas Brice, se rappelant sans doute le mot de Notre-Seigneur : *Ne jugez pas, et vous ne serez pas jugé;* jamais il ne l'appela à son tribunal de supérieur; jamais il ne flétrit sa conduite devant ses frères : il attendit de la prière, du temps et de la réflexion la conversion du disciple et son retour aux vertus monastiques.

Il ne le condamna pas, et résista à ceux qui voulaient le porter à sévir. La colère du méchant n'ayant pour objet qu'un seul homme, Martin ne voulut pas employer son autorité à se venger dans une question personnelle, et Brice put jouir en paix du droit de fatiguer un saint, et de mettre en relief son inaltérable patience.

Enfin, il ne rendit pas le mal pour le mal.

[1] Infelicissimus insano felle commotus, et, ut credo, præcipue dæmonum illorum agitatus instinctu.

Il se contenta de dire : *Si Jésus a supporté Judas, pourquoi ne supporterais-je pas Brice*[1]? Admirable exemple de mansuétude et d'imitation du Sauveur! Non-seulement Brice ne fut pas exclu de la communauté, mais les prières et la longanimité de saint Martin obtinrent une conversion éclatante. Le repentir fut à la hauteur de la faute; et la prédilection de saint Martin pour son disciple mérita à celui-ci la grâce de la sainteté et l'honneur de succéder à son maître sur le siége de Tours. On ne peut séparer ces deux mémoires, celle de saint Martin et celle de saint Brice : l'une rappelle le père de famille au cœur miséricordieux, et l'autre l'enfant prodigue aux larmes amères, dont la pénitence forme, dans son récit attendrissant, une des plus belles pages de l'histoire de l'Église.

Résumons.

Saint Martin parcourut plusieurs vocations : il fut soldat, il fut solitaire, il fut évêque : partout et toujours le devoir est sa règle inflexible, et rien ne le fait dévier de la rectitude de la voie parfaite en laquelle il s'est engagé. Dieu lui accorde le privilége

---

[1] Si Christus Judam passus est, cur ego non patiar Brictionem ?

des dons surnaturels : il a le don des miracles, le don de prophétie, le don de guérir les malades, le don d'interpréter les Écritures, le don de lire dans les cœurs. Ces distinctions de son apostolat ne sont point un danger pour lui ; il se sert de la puissance que Dieu lui a départie pour procurer la gloire de son Maître ; pour lui, il ne cherche que la retraite ; il fuit les applaudissements des hommes, et demande aux rochers de Ligugé et de Marmoutier d'abriter sa prière et de cacher sa gloire. Il a pratiqué toutes les vertus, celles du cloître et celles de l'apostolat, celles de la milice et celles du sanctuaire. Il a poussé l'héroïsme jusqu'aux dernières limites : il a pardonné les injures ; il a vaincu le respect humain ; seul, au milieu d'une armée païenne, il a imposé le respect de sa foi. Il a plaidé pour les opprimés, pour les prisonniers, entrepris de longs voyages pour faire tomber leurs fers ou faire révoquer les sentences dont ils étaient frappés ; il a évangélisé les Gaules, purifié notre sol national des superstitions de l'idolâtrie, bâti des églises, renversé les temples des faux dieux, porté ses pas avec une rapidité inouïe du septentrion au midi et de l'orient à l'occident. Il a été d'une charité tendre et énergique, d'une humilité sans égale et d'une pureté angélique. Il a vécu, comme les solitaires de la Thébaïde, dans la prière et la pénitence; les peuples sont venus à lui, il les a entraînés à sa suite. Et quand ce saint octogénaire meurt à Candes, rempli de jours et riche de vertus, il s'écrie : *Je ne refuse pas le travail* [1]; il est prêt, comme saint Paul, à continuer son exil et à reprendre ses courses apostoliques, si la volonté de Dieu et le bien des âmes l'exigent encore. Tout est incomparable en ce modèle que l'on peut offrir à tous: il est patriarche, il est prophète, il est apôtre; il est martyr de sa charité. Un seul mot résume sa vie et ses mérites, c'est celui de son historien : « O homme ineffable ! » *O virum ineffabilem!* Ce mot est à lui seul un panégyrique; il dit l'imperfection de la louange et la grandeur des vertus. Aux pieds du grand homme, du thaumaturge des Gaules, c'est le seul hommage que nos lèvres puissent proférer, et la seule admiration qui nous reste :

« O homme ineffable ! » *O virum ineffabilem!*

[1] Non recuso laborem.

FIN

ÉVANGILE DE LA MESSE

DE LA FÊTE DE SAINT MARTIN

ÉVANGILE. (Saint Luc, xi.)

In illo tempore : Dixit Jesus discipulis suis : Nemo lucernam accendit, et in abscondito ponit, neque sub modio, sed supra candelabrum, ut qui ingrediuntur, lumen videant. Lucerna corporis tui est oculus tuus. Si oculus tuus fuerit simplex, totum corpus tuum lucidum erit : si autem nequam fuerit, etiam corpus tuum tenebrosum erit. Vide ergo ne lumen, quod in te est, tenebræ sint. Si ergo corpus tuum totum lucidum fuerit, non habens aliquam partem tenebrarum, erit lucidum totum ; et sicut lucerna fulgoris illuminabit te.

En ce temps-là, Jésus dit à ses disciples : On n'allume point une lampe pour la mettre dans un lieu caché ou sous un boisseau : mais on la met sur un chandelier, afin que ceux qui entrent voient la lumière. Votre œil est la lampe de votre corps : si votre œil est net, tout votre corps sera éclairé ; mais s'il est gâté, votre corps sera aussi dans les ténèbres. Prenez donc garde que la lumière qui est en vous ne soit elle-même que ténèbres. Si donc tout votre corps est éclairé, n'ayant aucune partie ténébreuse, tout sera éclairé, comme lorsque la lumière brillante d'une lampe vous éclaire.

ORAISON

Deus, qui in beato Martino Pontifice, sive per vitam, sive per mortem magnificatus es :

Dieu, qui avez été glorifié par la vie et par la mort de saint Martin Pontife, renouvelez dans nos cœurs les merveilles que vous opérâtes en lui par votre grâce, afin que ni la mort ni la vie ne puissent jamais nous séparer de la charité de Notre-Seigneur Jésus-Christ. Qui, étant Dieu.

innova eadem gratiæ tuæ miracula; ut neque mors neque vita separare nos possit a charitate Domini nostri Jesu Christi. Qui tecum vivit et regnat in unitate Spiritus.

LITANIES

en l'honneur

DE SAINT MARTIN

Seigneur, ayez pitié de nous.
Christ, ayez pitié de nous.
Seigneur, ayez pitié de nous.
Christ, écoutez-nous.
Christ, exaucez-nous.
Père céleste qui êtes Dieu, ayez pitié de nous.
Fils Rédempteur du monde qui êtes Dieu, ayez pitié de nous.
Esprit-Saint qui êtes Dieu, ayez pitié de nous.
Trinité sainte qui êtes un seul Dieu, ayez pitié de nous.
Sainte Marie, Mère de Dieu, priez pour nous.
Saint Martin, priez pour nous.
Saint Martin, généreux soldat de Jésus-Christ, priez.
Parfait modèle des guerriers, priez pour nous.

Vous qui, né de parents idolâtres, aimiez dès votre enfance à fréquenter l'assemblée des chrétiens, priez.
Vous qui avez su de bonne heure mépriser les honneurs et les plaisirs de ce monde, priez pour nous.
Vous qui, pour avoir donné la moitié de votre manteau à un pauvre, avez mérité la visite de Jésus-Christ et l'admiration des anges, priez pour nous.
Vous qui, malgré les menaces et les railleries, n'avez pas craint de professer hautement votre foi, priez.
Vous pour qui le signe de la croix était une arme invincible, priez pour nous.
Vous qui, par vos prières et vos exhortations, avez arraché votre mère aux ténèbres de l'idolâtrie, priez.
Vous que votre modestie retint longtemps au monastère de Ligugé dans les humbles fonctions d'exorciste, priez pour nous.
Vous que l'esprit de Dieu avait choisi et préparé pour faire un pontife selon son cœur, priez pour nous.
Saint Martin, évêque de Tours, priez pour nous.
Excellent pasteur, priez pour nous.
Perle du sacerdoce, priez pour nous.
Défenseur de la foi catholique, priez pour nous.
Confesseur intrépide du dogme de la très-sainte Trinité, priez pour nous.
Vous qui, à l'imitation du divin Maître, parcouriez les villes et les bourgades en prêchant l'Évangile et faisant du bien à tous, priez pour nous.
Vous qui étiez le soutien des vierges, le protecteur des veuves, le consolateur des affligés et le père des pauvres, priez pour nous.
Vous qui supportiez les injures avec tant de patience, priez pour nous.
Vous qui aviez toujours sur les lèvres des paroles de douceur et de paix, priez pour nous.
Vous qui avez détruit tant d'idoles et consacré tant d'églises, priez pour nous.
Vous qui, dans un corps mortel, meniez une vie angélique, priez pour nous.

Vous qui n'avez jamais tremblé devant les puissants de ce monde, priez pour nous.
Vous qui, à la table d'un empereur, avez su faire respecter la dignité du prêtre, priez pour nous.
Vous qui fûtes pour nos pères ce que saint Paul fut pour les gentils, priez pour nous.
Saint Martin, Thaumaturge des Gaules, priez.
Vous qui avez ressuscité trois morts, priez.
Vous qui avez guéri des lépreux, priez pour nous.
Vous qui rendiez la santé aux malades et aux infirmes, priez pour nous.
Vous qui chassiez les démons et étiez la terreur de l'enfer, priez pour nous.
Vous qui êtes resté intact au milieu d'un incendie, bénissant Dieu comme les trois enfants dans la fournaise, priez pour nous.
Vous à qui des anges apparurent sous une forme sensible, priez pour nous.
Vous qui avez été honoré du don de prophétie, priez.
Vous à qui les reliques de saint Gatien furent miraculeusement découvertes, priez pour nous.
Vous dont la tête parut surmontée d'un globe de feu pendant la célébration des saints mystères, priez.
Saint Martin, homme d'oraison, priez pour nous.
Vous dont l'esprit était appliqué sans relâche à la contemplation et à la louange divine, priez.
Vous qui, dans votre retraite de Marmoutier, donniez à vos disciples l'exemple de toutes les vertus monastiques, priez pour nous.
Vous qui, en toute occasion, recouriez à la prière avec une confiance qui n'était jamais trompée, priez.
Vous qui ne parliez que de Jésus-Christ et des choses du ciel, priez pour nous.
Vous qui étiez crucifié au monde et pour qui le monde était crucifié, priez pour nous.
Vous qui avez si amèrement pleuré une faute qui n'était qu'un excès de commisération et de charité, priez pour nous,

Vous dont le cœur brûlait d'un si grand amour pour Notre-Seigneur Jésus-Christ, *priez pour nous.*
Vous qui soupiriez après le martyre, *priez.*
Vous qui n'avez jamais refusé le travail, *priez.*
Vous qui avez montré à vos derniers moments une si parfaite soumission à la volonté de Dieu, *priez.*
Vous qui, près de recevoir la couronne de justice, étiez encore disposé à combattre et à souffrir pour le salut de votre peuple, *priez pour nous.*
Vous en qui l'ennemi de Dieu et des hommes n'a rien trouvé qui lui appartînt, *priez pour nous.*
Vous qui, pauvre et pénitent jusqu'à la fin, avez mérité d'être reçu dans le sein d'Abraham, *priez.*
Vous dont l'âme est entrée immédiatement en possession du paradis, *priez pour nous.*
Vous dont le visage, après la mort, parut tout éclatant de lumière, *priez pour nous.*
Vous dont les funérailles furent un véritable triomphe, *priez pour nous.*
Vous dont le sépulcre a été glorifié par tant de miracles et visité par de si grands et si saints personnages, *priez pour nous.*
Vous dont le nom a conduit des rois à la victoire, *priez.*
Vous dont les reliques ont préservé la ville de Tours de la fureur de ses ennemis, *priez pour nous.*
Vous dont le culte renouvelé de nos jours est devenu une cause de joie et d'espérance pour toute l'Église, *priez pour nous.*
Saint Martin, protecteur de la France, *priez pour nous.*
Agneau de Dieu qui effacez les péchés du monde, *pardonnez-nous, Seigneur.*
Agneau de Dieu qui effacez les péchés du monde, *exaucez-nous, Seigneur.*
Agneau de Dieu qui effacez les péchés du monde, *ayez pitié de nous, Seigneur.*
Christ, écoutez-nous.
Christ, exaucez-nous.

Oraison O Dieu, p. 83.

Saint Martin, intercédez pour vos successeurs sur le siége de Tours.
Saint Martin, intercédez pour le clergé de ce diocèse.
Saint Martin, intercédez pour les pèlerins qui viennent de toutes parts vénérer votre tombeau.
Saint Martin, intercédez pour ceux qui contribuent en quelque manière à la réédification de votre basilique. Ainsi soit-il.

Nous approuvons ces pieuses Litanies, et nous accordons quarante jours d'indulgences aux personnes qui les réciteront.

Tours, le 3 novembre 1872.

† Félix, archevêque de Tours.

TABLE

Aux pèlerins de saint Martin.	5
Saint Martin enfant.	7
Saint Martin soldat.	11
Les deux aumônes de saint Martin.	15
Saint Martin disciple et moine. — Poitiers. — Ligugé.	23
Saint Martin et Marmoutier.	30
Saint Martin thaumaturge.	35
Les trois résurrections de saint Martin.	44
Saint Martin et le démon.	53
Saint Martin, la nature et les âmes.	62
Portrait de saint Martin.	73
Évangile de la Messe de la fête de saint Martin.	83
Litanies en l'honneur de saint Martin.	84

6514. — Tours, impr. MAME.

www.ingramcontent.com/pod-product-compliance
Lightning Source LLC
LaVergne TN
LVHW050600090426
835512LV00008B/1261